Theo König / Albrecht Egelhaaf

Zwischen Himmel und Ehrenfeld

Zwischen Himmel und Ehrenfeld

Geschrieben von Theo König

Illustriert von Albrecht Egelhaaf

nach dem gleichnamigen Theaterstück
des Kölner Spielecircus e.V.

MATERNUS

Die Deutsche Bibliothek - CIP-Kurztitelaufnahme

König, Theo
Zwischen Himmel und Ehrenfeld : nach dem gleichnamigen Theaterstück des Kölner
Spielecircus e.V. / geschr. von Theo König. Ill. von Albrecht Egelhaaf. [Hrsg.: Kölner
Spielecircus e.V., Köln]. - 1. Aufl. - Köln: Maternus, 1998
    ISBN 3-88735-206-8

1. Auflage 1998

© 1998 by Kölner Spielecircus e.V., Köln
Maternus Buchhandel und Verlag GmbH & Co KG
Severinstr. 76, D-50678 Köln
Printed in Germany 1998
Alle Rechte vorbehalten

Herausgeber: Kölner Spielecircus e.V., Köln
Illustration: Albrecht Egelhaaf, Frechen
Layout und Satz: Jutta Christiansen, Köln

ISBN 3-88735-206-8

Es weihnachtet

Bald ist Weihnachten. Überall auf der Welt sind die Kinder schon ganz aufgeregt vor lauter Vorfreude. Und manche Erwachsene auch. Überall, auch in Ehrenfeld.

Ehrenfeld

Aber wer von euch kennt Ehrenfeld? - Also, Ehrenfeld, das ist ein alter Stadtteil von Köln am Rhein. Doch er liegt nicht am Rhein wie der Dom, den jeder kennt. Und der Hauptbahnhof, in dem täglich Tausende ankommen oder auf Reisen gehen. Und die Philharmonie, in der weltberühmte Musiker spielen. Und die Altstadt mit ihren zahllosen Wirtshäusern, die viele auswärtige Gäste am Abend besuchen.

Nein, Ehrenfeld liegt ein paar Kilometer vom Rhein entfernt. Und nicht jeder kennt Ehrenfeld. Reisende gibt es dort nur auf einem kleinen Bahnhof, und es sind nicht so viele. Weltberühmte Musiker spielen in Ehrenfeld auch nicht, obwohl dort mehr und mehr Musik zu hören ist. Und noch gibt es in Ehrenfeld nur wenige auswärtige Gäste - wenn man die vielen ausländischen Familien, die hier seit vielen Jahren leben, nicht rechnet...

1

Ein Engel über Ehrenfeld

Also, das ist Ehrenfeld. Und heute, kurz vor Weihnachten, ist es naßkalt in Ehrenfeld. Der Wind peitscht grauschwarze Wolken über den Himmel, bläst ordentlich in die Zeltplanen des kleinen Zirkus Spökes & Spärlich und zieht kräftig an den Tauen.

Da ertönt auf einmal eine mächtige Blasmusik, und man sieht hoch oben über der Zeltspitze zwischen den Wolken eine merkwürdige Gestalt von sehr auswärtigem Äußeren. Ziemlich weiß und mit großen Flügeln. Ein Engel? - Ja, das muß ein Engel sein! Aber er trägt einen windschnittigen Rennhelm und radelt fröhlich auf einem goldenen Fahrrad dort oben zwischen Himmel und Ehrenfeld herum. Was für ein Engel kann das nur sein?

Der Himmelskurier Angelo Luzifero

Einige von euch ahnen es vielleicht, denn er war schon mal hier. Hier in Ehrenfeld. Das heißt, genau gesagt, in dem kleinen Zirkus Spökes & Spärlich. Und die Zirkusleute erinnern sich bestimmt an ihn. Hier ist er nämlich damals mit Qualm und Getöse abgestürzt, mitten in die Manege rein.

Ja, denn der einsame Radler auf seinem goldenen Himmelsfahrrad ist niemand anders als Angelo Luzifero - damals Weihnachtsengel und Weihnachtssternanzünder, in diesem Jahr aber Himmelskurier.

Seine Dienstnummer lautet: Null-Null-Vier.

Und jetzt kann man es auch ganz deutlich erkennen. Hinten auf dem Rad befindet sich ein Korb, der ist ganz schön groß und proppenvoll. Und vorne, am Oberkörper von Angelo, baumeln - außer einer goldglänzenden Posaune - zwei dicke Taschen. Aus dem Korb und den Taschen lugen bunte Pakete hervor. Weihnachtsgeschenke!
Denn Angelo ist im Weihnachtsgeschenkezustellschnelldienst eingestellt und hat die Wünsche und Träume der ganzen Welt im Gepäck, und natürlich auch die der Leute in Ehrenfeld.

Eleison, Leute!

E-
leison Leute, es weihnachtet wieder
über-all im Äther hört man Weihnachtslieder, und
ich, euer Engel An-ge-lo, bin
ständig unterwegs auf dem Himmels-velo... Na
ja, ich kann auch sagen, wenn das cooler ist, Mike:
Hier kommt An-ge-lo Lu-zi-fe-ro
auf dem Himmels-bike

Angelos Freunde in Ehrenfeld

Und für Angelo ist Ehrenfeld der Himmel auf Erden, weil er hier Freunde hat. Denn seit seinem Absturz damals sind die Leute vom Zirkus Spökes & Spärlich und er ganz dicke Freunde. Angelo freut sich schon darauf, die drei wiederzusehen: den Herrn Bollermann, einen Kerl wie ein Baum, der sich „der Koloß von Ehrenfeld" nennt. Die Clownin Olilie, die immer alle zum Lachen bringt, vor allem die Kinder. Ja, und Pelle, das rosa Pausenschwein, das so schön Musik macht. Und jeder von Angelos irdischen Freunden hat einen Traum, der wahr werden soll. Das mag Angelo ganz besonders an ihnen. Der Herr Bollermann möchte am liebsten ein großer Dichter sein. Und deshalb dichtet er immerzu. Doch da biegen sich die Balken, denn das klingt dann so:

> *"Drauß' vom Walde kommt er her*
> *Alle Kinder freu'n sich... sicher.*
> *Weil der gute Weihnachtsmann*
> *Soviel Schönes bringen... könnte."*

- Ihr versteht, wo das Problem liegt? -

Und wenn Olilie stolz ihren neuesten Zaubertrick vorführt (denn sie träumt davon, eines Tages eine großartige Zauberin zu sein), kommt aus ihrer Tasche bestimmt kein weißes Kaninchen, sondern garantiert ihr altes Taschentuch.

Ja, und Pelle, das Pausenschwein, will nicht einsehen, daß Schweine nicht fliegen können. Also versucht er es immer wieder und fällt immer wieder auf die Nase.

Angelos Leidenschaft

Der Himmelsbewohner Angelo Luzifero hat seine liebens-
werten irdischen Freunde so richtig in sein Herz geschlossen.
Denn Angelo hat auch eine Leidenschaft, bei der öfter etwas
schiefgeht. Er hält sich für einen ausgekochten Superspezial-
Spezialisten für Feuerwerke aller Art. Und jetzt und hier,
zwischen Himmel und Erde als Fahrradkurier, kann er seiner
Feuerwerkerleidenschaft ungestraft nachgehen. - Das heißt,
nicht ganz ungestraft. Die Blitze und Funkenregen, die aus
seinem Fahrradlenker stieben, sind so heiß, daß Angelo schnell
die Hände vom Lenker reißt. Auaweiha, das gibt Brandblasen,
und die tun weh!
Und als er am Hinterrad eine Rakete zündet, schießt er auf
einmal mit solcher Geschwindigkeit vorwärts, daß ihm angst
und bange wird. Beinahe wäre er abgestürzt und auf die Erde
hinuntergefallen wie damals, als er mitten in den Zirkus
plumpste.

Ein Telefongespräch zwischen
Himmel und Ehrenfeld

„Ich sollte jetzt lieber zum Landeanflug ansetzen", sagt sich
Angelo, „bevor noch etwas passiert."
Doch genau in diesem Augenblick klingelt das Hosiannaphon,
das himmlische Handy. Angelo schwant nichts Gutes. Zaghaft
meldet er sich: "Ja, hier 004..."
Da trifft ihn ein heftiger Wortschwall von hoher Stelle im

Himmel schmerzhaft ins Ohr. Er hält das Handy am ausgestreckten Arm, so weit weg wie es geht. Bis er sich endlich traut zu antworten. Aber er kann sich nicht herausreden: Die Geschenke, die er nach Argentinien gebracht hat, gehören nun mal nach Ahrweiler. Es stimmt zwar, daß beide mit „AR" anfangen. Doch die Verwechslung kommt nicht von einem Fehler der Weihnachtswunschzettelsortiermaschine, was Angelo lieber wäre. Sie kommt daher, daß alles, was jeweils auf „AR" folgt, also auf der Liste weiter rechts steht, versengt und verkohlt ist. Man kann es deshalb nicht mehr ganz lesen.

„Na, sowas!" sagt Angelo mit gespielter Entrüstung.

„Da muß also jemand mit Feuer gespielt haben!"

Und dann fragt er harmlos, als hätte er noch nie ein Streichholz in der Hand gehabt:

"Wer kann das bloß gewesen sein?"

Doch kaum hat er zu Ende gesprochen, da reißt er das Hosianna-Handy wieder hastig vom Ohr weg. Denn wieder prasselt ein zorniger Wortschwall auf ihn nieder. Erst nach einer ganzen Weile antwortet Angelo kleinlaut:

„Sicher doch, ganz bestimmt. Wird alles umgehend wieder in Ordnung gebracht. Jawohl, ich wiederhole: die Geschenke von Argentinien nach Ahrweiler bringen und die von Ahrweiler direkt zu Ali Baba. Richtig?"

Offenbar war alles richtig, denn Angelo lauscht nur kurz und verabschiedet sich:

„Jawohl, wird sofort erledigt, eleison auch!"

Bin im Himmel sowieso...

Bin im Himmel so wie so völlig fehl am Platz, weil ich da so wie so immer alles verpatz, das ist wirklich zu dumm, ich weiß wirklich nicht, warum, aber immer geht was schief und ich werd' verpetzt, und peng! werd' ich wieder einmal straf-ver-setzt

Angelos vorläufiger Abschied

Das ist ein schwerer Schlag für Angelo. Jetzt ist er den Freunden schon so nah, da muß er wieder weg. Weit weg. Und warum? - Weil wieder mal etwas schiefgegangen ist. Und das passiert ihm dauernd, da oben im Himmel. Angelo hat schon lange das Gefühl, daß er da eigentlich gar nicht hingehört. Hier, weit vom Himmel entfernt, fühlt er sich pudelwohl. Gut, auch hier verbrennt er sich die Finger und stürzt schon mal ab. Aber oben im Himmel hat es immer gleich schlimme Folgen, wenn er zusehen muß, wie etwas explodiert und verkohlt, was eigentlich gar nicht explodieren und verkohlen sollte. Weg ist weg. Und das löst im Himmel Ärger aus, wo doch ewiger Friede herrschen sollte. Und deshalb droht Angelo dauernd die Strafversetzung an einen anderen himmlischen Arbeitsplatz.

Vielleicht geht es diesmal aber noch gut, wenn er sich beeilt, alles wieder in Ordnung zu bringen. Er muß nur so schnell wie möglich nach... - Was war das noch gleich? - Ah, ja, jetzt weiß er es wieder: nach Brasilien! Und Angelo macht sich sofort auf den weiten Weg nach Brasilien.

Zirkus ist schön

Unten im Zirkus Spökes & Spärlich ahnt niemand etwas von den Vorgängen zwischen Himmel und Ehrenfeld. Pelle rollt seinen wunderschönen kleinen Zirkusteppich behutsam in der Arena aus, legt eine bunte Lichterschlange um ihn herum und stellt sein Schlagzeug auf. Hier ist er glücklich. Er kann sich ein Leben ohne Zirkus gar nicht vorstellen. Ohne die Spannung, die Momente, in denen das Publikum den Atem anhält. Und Pelle liebt den tosenden Applaus, wenn die Spannung sich anschließend in Begeisterung verwandelt. Er ist ganz gerührt, wenn die Artistenkollegen sich später hinter dem Auftrittsvorhang gegenseitig beglückwünschen. Nichts kann schöner sein als Zirkus. Zirkus ist wie Weihnachten schön...

Pelle zuckt zusammen. Was ist dahinten nur für ein Gepolter?
- Naja, egal!
Das Wunderbarste am Zirkus ist, daß alle wie eine Familie zusammengehören. Und auch ein Pausenschwein wie Pelle gehört zur Zirkusfamilie, denn auch ein Pausenschwein muß immer super sein...

Irgendwas ist dahinten los! Hört sich an, als wenn Herr Bollermann und Olilie miteinander streiten würden. Aber Zirkus ist doch so schön, und sie sind eine kleine Familie!...

Zirkus ist wie Weihnachten

Zirkus ist wie Weihnach - ten

schön, immer ei - ne schöne Be - scherung,

Alles klappt, weil wir uns ver-

stehn, wir sind ei - ne kleine Fa - mi - lie;

Ich bin zwar nur Pelle, das

Pau - sen - schwein, doch auch ein Pausen - schwein

muß immer super sein

Zirkus geht nicht, wenn man uneins ist

„Aua!" schreit Olilie hinten hinter dem roten Vorhang.
„Paß doch auf!"
"Steh' mir nicht dauernd im Weg!" raunzt der Herr
Bollermann zurück. „Dotschdösig, wie du bist!"
Er will irgendetwas nach vorne in die Arena tragen und
braucht Platz. Und anscheinend ist das groß und schwer, denn
er ächzt vernehmlich und sagt:
„Ich kann das nicht mehr lange halten!"
Doch dann erscheint er vor dem Vorhang mit einem kleinen
Tannenbäumchen, das er mit Leichtigkeit in einer Hand hält.
Er will das Bäumchen mitten auf Pelles Teppich stellen, aber
da steht schon Pelle. Kurzerhand zieht Herr Bollermann ihm
den Teppich unter den Füßen weg. Pelle fällt auf sein
Schlagzeug und reißt es mit Getöse um.
Doch das ist erst der Anfang!

Denn die drei Artisten vom Zirkus Spökes & Spärlich wollen
zusammen üben, aber sind sich völlig uneins darüber, wie.
Dabei geht es doch um das „große Finale", den einzigartigen
Schluß- und Höhepunkt der Weihnachtsvorstellung. Und die
ist etwas so Besonderes, daß man sie „Weihnachtsgala" nennt!
Aber Herr Bollermann zieht den Teppich weg an einen ande-
ren Platz in der Manege und stellt das Tannenbäumchen drauf.
Und Pelle nimmt es wieder herunter und legt den Teppich an
seinen alten Platz. Aber da will der Herr Bollermann die große
Wippe hinstellen, also zieht er den Teppich wieder weg. Und

das Bäumchen stellt er auch wieder drauf. Aber Pelle tut so, als wäre an dem Ende der Wippe, das auf der Erde ist, etwas ganz besonders Erstaunliches. Herr Bollermann beugt sich neugierig darüber, da tritt Pelle auf das andere Ende. Herr Bollermann bekommt die Wippe unters Kinn. Im nächsten Moment läuft Olilie auch noch krachend gegen die Wippe und hält sich den Bauch vor Schmerz.

Und so geht es immer weiter! Herr Bollermann vergißt, Olilie aufs Trapez zu helfen. Und Pelle vergißt, seine Fliegermontur anzuziehen, er spielt die falsche Nummer! Die Absprungrampe ist auch nie am rechten Platz. Und die Ansagen von Herrn Bollermann, die sich reimen sollen, reimen sich natürlich überhaupt nicht. Außerdem fehlt der Landesessel. Herr Bollermann holt ihn. Der Sessel ist hoch oben auf eine lange Eisenstange montiert, die Herr Bollermann in die Luft hält. Pelle soll nach gewagtem Flug in ihm landen. Herr Bollermann muß sich natürlich an einen bestimmten Platz stellen und dort stehenbleiben. Aber er sucht immer noch nach Reimen, und er kann besser nachdenken, wenn er auf und ab geht. Und so wandert der Landesessel in der Luft hin und her!

Währenddessen wartet Pelle, der seine Fliegermontur inzwischen angezogen hat, ungeduldig hinter dem roten Vorhang. Bis er es nicht mehr aushält. Er steckt den Kopf heraus und ruft:
„Mir ist langweilig. Herr Bollermann, wo bleibt die Ansage?"

Herr Bollermann ärgert sich. Er kann doch nicht dichten, wenn er ständig gestört wird! ... Aber dann hat er es:

„Damen und Herrschaften!
Wir kommen jetzt zum großen Finale.
Und bitten um äußerste Ruhe im... Zelt!"

Der große Streit

In diesem Moment haut Olilie auf Pelles Schlagzeug ein, daß man meinen könnte, ein Gewitter wäre ausgebrochen. Dabei soll das ein Auftrittstusch für Pelle sein! Pelle aber wird angst und bange um sein Schlagzeug. Er stürzt herein und nimmt Olilie die Stöcke weg. Olilie ist beleidigt, sie macht doch sein Schlagzeug nicht kaputt!

„Machst du doch!" sagt Pelle.

„Mach ich nicht!" widerspricht Olilie.

„Machst du doch!"

„Mach ich nicht!"

„Machst du doch!"

„Mach ich nicht!"

Und im Nu ist ein heftiger Streit im Gange:

„So wird das nie was mit dem Finale! Mit dir hat das überhaupt keinen Sinn!" schmettert Olilie Pelle an den Kopf.

„Das kommt daher, daß er keine Ahnung hat von nix!" mischt sich jetzt auch noch Herr Bollermann ein.

Und es dauert gar nicht lange, und alle drei schimpfen aufeinander ein wie die Rohrspatzen. Besonders Herr Bollermann und Olilie sind ziemlich bockige Dickköpfe. Der Streit tut ihnen bald leid, aber sie können einfach nicht damit aufhören. So endet alles damit, daß sie weggehen wollen, jeder woandershin, obwohl sie das todtraurig macht. Denn wer will schon alleine sein, ganz ohne Freunde?

Herr Bollermann dichtet sein letztes Gedicht

Pelle bleibt allein in der Zirkusmanege zurück. Wenn Herr Bollermann und Olilie ihre Ankündigung wahr machen und tatsächlich abhauen, ist es vorbei mit dem Zirkus Spökes & Spärlich! Und es wird keine Weihnachtsgala geben. Dabei sind schon alle Eintrittskarten dafür verkauft!

Da erscheint Herr Bollermann auch schon in Wintermantel und Mütze mit Ohrenklappen, eingewickelt in einen langen Wollschal, und zieht einen riesigen Koffer auf Rädern hinter sich her. Offenbar ist er bereits reisefertig!

Zum Abschied schenkt er Pelle ein letztes Kurzgedicht.
Mit zitternder Stimme sagt er es auf:

> *"Mich hält kein Geld, kein gutes Wort.*
> *Mir bricht das Herz, muß sofort... weg."*

Olilie im Koffer

Kaum ist Herr Bollermann fertig und entschlossen, zu gehen und sich nicht mehr umzudrehen, da klappt der Koffer auf, und Olilie schaut heraus. Sie ruft:

„Mensch, Herr Bollermann, mach doch mal voran!"

Und - schwupps! - ist der Koffer wieder zu.

Einen Wimpernschlag später öffnet er sich noch einmal. Und Olilie sieht heraus und sagt:

„Übrigens hat sich dein Gedicht eben überhaupt nicht gereimt. So, und jetzt laß mal rollen!"

Und weg ist sie wieder.

Herr Bollermann blickt ziemlich fassungslos auf seinen großen Reisekoffer, dessen Deckel jetzt wieder geschlossen ist. Ein höflicher Mann klopft immer an, also klopft Herr Bollermann rücksichtsvoll dreimal auf den Deckel seines Koffers.

Und - patsch! - schnellt der Deckel auf, und Olilie fragt ungeduldig:

„Was denn jetzt noch?"

Herr Bollermann erlaubt sich, die Frage zu stellen, wohin die Reise denn gehen soll. Olilie antwortet nur:

„Egal wohin, Hauptsache rollen!"

Und schon ist der Deckel wieder zu. Aber da hat Herr Bollermann doch noch eine Frage, die spät, doch nicht zu spät kommt. Also klopft er noch einmal höflich und will dann von Olilie, die öffnet, wissen:

„Was machst du eigentlich in meinem Koffer?"

Die Freunde trennen sich

Olilie blickt ihn einen Moment lang an, steigt dann mit ihrem kleinen Koffer aus Herrn Bollermanns großem Koffer und mault:

„Ist ja schon gut! Wollte sowieso zu Fuß gehen! Alleine!"
Und kaum hat sie das gesagt, da stolpert sie und liegt auch schon auf der Nase. Ich weiß nicht, ob die anderen beiden lachen, ob sie überhaupt lachen können - oder ob sie zwar können, sich das Lachen aber vielleicht verkneifen.

- Was meint Ihr? -

Olilie jedenfalls schimpft wie der Papagei eines Piratenkapitäns oder der Hausmeister von der Schule in der Borsigstraße, als sie sich aufrappelt und davontrottet.

Und kaum hat Pelle sich versehn, ist auch Herr Bollermann auf und davon.

„Jetzt ist alles aus!" denkt Pelle finster und verläßt seine geliebte Manege schweren Herzens.

Herrn Bollermanns Fingerhantel

Aber Herr Bollermann kommt auf einmal zurück. Allerdings nur, weil er seine Fingerhantel vergessen hat. Das kann leicht passieren. Sie ist so winzig, daß er sie andauernd verlegt - nur so breit wie ein Streichholz! Doch selbstverständlich ist sie aus Eisen, und an den Enden befinden sich schwere Kugeln. Und oben ist ein Ring an ihr befestigt, den man sich auf den Finger schiebt, den man trainieren will.

Naja, das muß man erklären, denn Herr Bollermann ist der einzige Mensch auf der ganzen Welt, der seine Finger mit einer eigens dafür hergestellten Hantel trainiert.

Herr Bollermann und die Hantel im Tannenbaum

Und weil er so einzigartig ist, denkt Herr Bollermann jetzt in seinem Groll, daß die anderen beiden ihm gestohlen bleiben können. Ein Mann, der so stark ist wie er, braucht niemanden, schon gar keine Freunde!

„Wo ist die kleine Hantel nur?"

Schließlich gibt es auf der Welt nur einen Bernie Bollermann, der sich der „Koloß von Ehrenfeld" nennen kann - und der in der Lage ist, so fein zu dichten wie er.

„Ach, da ist die Hantel ja!" - Herr Bollermann hat sie als Weihnachtsschmuck an den kleinen Tannenbaum gehängt. Kein Wunder, daß er sie da beim Packen vergessen hat!

Herrn Bollermanns feine Dichtkunst wird belauscht

Er nimmt die Hantel vom Baum und gießt seine Gedanken nunmehr in die dichterische Form, die ihnen gebührt:

> *"Alleinsein macht Spaß...*
> *Und Alleinsein macht froh...*
> *Macht froh bei Sport und Spiel...*
> *Bei einem Schwätzchen sowie... noch"*

Herr Bollermann ist so in das Dichten seiner Gedanken versunken, daß er gar nicht bemerkt, wie Pelle ihn dabei belauscht.

Und Pelle ist so in das Belauschen des Dichtens der Gedanken, in das Herr Bollermann versunken ist, versunken, daß er gar nicht bemerkt, daß auch Olilie Herrn Bollermann belauscht.

Nun ist aber auch Olilie so versunken in das Belauschen und Herr Bollermann nach wie vor in das Dichten, daß..., also kurzum:
Herr Bollermann denkt, er ist alleine.
Pelle denkt, er belauscht ihn alleine.
Und auch Olilie denkt, daß sie Herrn Bollermann alleine belauscht.
Pelle und Olilie stellen jeder für sich fest, daß sich Herrn Bollermanns Gedicht wieder einmal nicht reimt. Und dabei merken sie, auch jeder für sich, daß sie Herrn Bollermann ziemlich gern haben.

Aber dann dichtet Herr Bollermann:

> *"Und ich wünsche mir nur,*
> *Daß es dauert, mein Glück,*
> *Und Olilie und Pelle*
> *Kommen nie mehr zu... mir."*

Herr Bollermann ganz allein

Ich bin der Bernie Boller-mann,

Koloß von Ehrenfeld, der alles ganz alleine

kennt, der stärkste Mann der

Erde und ich wünsche mir nur,daß es

dauert, mein Glück, und Pelle und O-li-lie

kommen nie mehr zu mir

Die Freunde trennen sich erneut

Da bricht Olilie schluchzend zusammen. Und Pelle entdeckt
sie. Und Herr Bollermann entdeckt Olilie auch. Und er
entdeckt nun auch Pelle.

„Waren die beiden schon die ganze Zeit hier, haben sie etwa
alles mitangehört?" überlegt Herr Bollermann betreten.
Das wäre ihm reichlich peinlich, besonders des letzten Verses
wegen. Und er versucht sich herauszureden:
„Also, hört mal..., Pelle,... Olilie, äh..." -

„Hat hier jemand was gesagt?" schneidet ihm Pelle hochnäsig
das Wort ab.
„Ich bin nur zurückgekommen, um meinen Teppich zu holen.
Den kann ich unmöglich hierlassen! Ihr würdet mir den doch
nur total versauen!" schleudert er Herrn Bollermann und Olilie
an die Köpfe.
Und dabei rollt er seinen Teppich zusammen und will damit
verschwinden. Aber er verfängt sich mit dem Teppich im
Vorhang. Und sein Abgang, der sehr würdig und eindrucksvoll
sein sollte, sieht ziemlich komisch aus.

Aber Herrn Bollermann ist nicht zum Lachen zumute, und
Olilie schluchzt immer noch vor sich hin. Reuevoll reicht Herr
Bollermann ihr sein wertvollstes Taschentuch. Seine Mutter hat
es mit kunstvoller Stickerei versehen. Olilie nimmt es dankbar
an, doch im nächsten Augenblick wird sie wütend, knüllt es

zusammen, wirft es auf den Boden und stampft mit den Füßen darauf herum.

Entrüstet hebt Herr Bollermann sein Taschentuch auf und knurrt:

„Zauberschnepfe!"

Dann wendet er sich zum Gehen. Olilie ruft ihm hinterher:

„Dichterfurz!"

Und Herr Bollermann ruft zurück:

„Zauberflöte!"

Sie: „Muskelpudding!"

Er: „Heul-Clown!"

Sie: „Schnauzbärtiges Kleinsthirn!"

Er: „Witz-Zwerg!"

Sie: „Mucki-Buden-Reimer!"

Dann ist Olilie allein.

Wer zaubern kann, braucht keine Freunde

Das Schimpfen hat ihr gutgetan. Und Herr Bollermann ist zwar der stärkste Mann der Welt, aber Olilie kann dafür zaubern. Und das gefällt ihr viel besser.

Sicher: das ist schon schiefgegangen, manchmal, gelegentlich, das mit dem Zaubern, eigentlich immer bis jetzt, genaugenommen.

Aber wer zaubern kann, der braucht Freunde nun wirlich nicht, auch wenn er ein bißchen klein geraten ist und nicht besonders stark.

Sicher: das ist schon schiefgegangen, manchmal, gelegentlich, das Ohne-Freunde-Sein, eigentlich immer bis jetzt, genaugenommen...

Aber Herr Bollermann kann noch so stark sein, Olilie kann dafür zaubern!

Olilies Song

Herr Bollermann ist stark, der
stärkste Mann der Welt. Aber
ich kann zaubern, was mir viel
besser gefällt
Auch wenn das schon mal, das mit dem
Zau-bern, mein' ich,
schief ge-gangen ist, manches-mal gelegentlich, das heißt:
immer — eigentlich

Ein viertel, halbes, dreiviertel, ganzes Telefon

Da erklingen von irgendwoher ein paar Töne Musik, ganz kurz nur, wie eine abgebrochene Melodie. Dann herrscht wieder Stille. Olilie zuckt zusammen.

„Was war das?"

Sie blickt sich suchend um. - Da! Schon wieder der Melodie-fetzen! - Und schon wieder vorbei! - Ob das...? - Genau! Das muß ein Telefon sein! Das heißt ein halbes oder ein Viertel davon. Oder nur ein Fünftel? - Doch wo steckt das Stück vom Telefon?

Da meldet es sich prompt wieder: „Daa-de-du-da!"

Aha: Das kommt doch aus Ollilies Koffer!

Rasch öffnet sie den Koffer. Tatsächlich! Die Töne sind in ihrem Koffer! Jetzt sind sie schon wieder vorbei!

Olilie nimmt ein elastisches Rohr aus dem Koffer und horcht daran. Da ertönt daraus das winzige Musikstückchen, und sie läßt das Rohr vor Schreck fallen. Todesmutig nimmt sie es aber gleich wieder in die Hand. Da nicht gleich etwas passiert, läßt sie das Rohr durch die Luft kreisen. Ein pfeifendes Geräusch entsteht. Kaum hat Olilie Zeit sich darüber zu freuen, da ist auch das Melodiebruchstückchen schon wieder zu hören. In Null-Komma-Nichts verbindet Olilie ein zweites Stück Rohr aus ihrem Koffer mit dem ersten. Und das Melodiestückchen ist auf einmal doppelt so lang!

„Ach, so ist das!" ruft Olilie zuversichtlich.

„Jetzt hab ich wohl schon ein halbes Telefon zusammen! Mal sehen, wo die andere Hälfte versteckt ist?"

Und - zack! - setzt sie einen Trichter auf das Ende eines der beiden Rohre. Und wirklich ist die Melodie, die erklingt, deutlich wieder ein Stückchen länger. Aber komplett ist sie noch nicht ganz. Da fehlt jetzt noch ein Duschkopf mit einem Schlauchende. Und als Olilie den Schlauch in das Ende des anderen Rohres schiebt, ertönt tatsächlich genau die berühmte Telefonmelodie, die seinerzeit Angelo an das himmlische Handy gerufen hat, als er zwischen Himmel und Ehrenfeld herumstrampelte. Es fehlt nicht mal das Klingeln ganz am Schluß!

Ein Anruf aus dem Himmel

Hastig spricht Olilie in den Trichter:
„Hallo? Hallo?"
Dann horcht sie am Trichter.
„Nichts! Komisch."
Doch da erklingt die himmlische Telefonmelodie noch einmal, mit dem Klingeln am Schluß. Olilie spricht rasch in den Trichter:
„Ja, hallo, hier ist Olilie! Wer ist da?"
Und nun horcht sie am Duschkopf, und da scheint sie wahrhaftig jemanden zu hören. Sie sagt:
„Wer?! Das glaub ich nicht! Angelo, du?! Sag mal, wo bist du gerade?"
Wieder horcht sie am Duschkopf, dann ruft sie:
„Auweiha!" und „Oh!" und „Ah!" und „Oh, nein!"

30

Dann fragt sie entgeistert:

„Was?!... Wa... Wa.. Was?! Du kommst?!"

Und sagt dann begeistert:

„Ist ja galaktisch! Du mußt uns unbedingt helfen!"

Aber dann staunt sie:

„Was?!... Wir?!... Wir dir?!"

Da muß sie aber heftig widersprechen:

„Nee, nee! Paß auf, ich erkläre dir mal kurz, was Herr Bollermann und Pelle gemacht haben, damit du Bescheid weißt. Bleib dran, ja!"

Olilie legt das kabellose Telefon aus Trichter, elastischen Rohren, Schlauch und Duschkopf auf den Boden, geht zum Teppich und stellt sich darauf. Dann ruft sie zum Telefon:

„Also, Pelle steht so auf dem Teppich, da kommt Herr Bollermann und zieht ihm den Teppich unter den Füßen weg. Pelle purzelt mit seinem Schlagzeug zu Boden."

Olilie läßt sich ins Schlagzeug fallen und reißt es um, daß es laut scheppert. Voller Eifer fragt sie:

„Hast du gesehen?"

Und emsig fährt sie fort:

„Pelle stellt sein Schlagzeug natürlich wieder auf,"

- Olilie macht es vor -,

„aber Herr Bollermann schmeißt ihn samt Schlagzeug wieder um."

Noch einmal fällt Olilie mit dem Schlagzeug um.

Dann rennt sie zum Telefon, schnappt sich Trichter und

Duschkopf und fragt:

„Hast du das gesehen, ist doch hundsgemein oder?!"

Doch wartet sie keine Antwort ab, sondern spricht sofort weiter:

„Ja, und so ist es die ganze Zeit weitergegangen, dabei wollten wir das große Finale der Weihnachtsgala üben, sind wirklich total dotschdösig die beiden! Aber egal, was meinst du, was die sich freuen, wenn sie hören, daß du im Anflug bist... Angelo! Soll ich die beiden schnell suchen gehen?... He, Angelo!... Angelo!... Komisch, keiner mehr dran!"

Nachdenklich legt Olilie das Telefon in den Koffer. Dann rafft sie sich entschlossen auf und verschwindet eilig.

Angelo unterwegs nach Ehrenfeld

Plötzlich erschallt die mächtige Blasmusik wieder, die schon ganz am Anfang unserer Geschichte über Ehrenfeld erklang. Da kann Angelo ja nicht weit sein! Und tatsächlich: Er ist ganz nah und strampelt auf seinem Himmelsfahrrad direkt auf den Zirkus zu. Er hat es eilig, zu seinen Freunden zu kommen. Denn: „Erst hatte ich Pech und dann kein Glück" sagt er. „Und so ist wieder mal was dumm gelaufen, und das kann böse Folgen haben."

Was genau passiert ist, verrät Angelo nicht.

Wieder mal typisch!

Ollies großes Ehrenwort,
aber wo ist Herr Bollermann?

Olilie hat Pelle zurückgeholt. Aber Pelle glaubt ihr nicht, daß Angelo angerufen hat, kein Wunder bei dem Telefon!

Doch Olilie gibt ihm ihr großes Ehrenwort und erzählt Pelle, daß Angelo sie besuchen will und jeden Augenblick da sein kann.

„Wo ist Herr Bollermann bloß hin? Wenn der wüßte, daß Angelo kommt...!"

Olilie muß ihn unbedingt suchen gehen!

Fliegt Pelle Angelo entgegen?

Pelle ist voller Vorfreude. Sicher schwebt Angelo bereits ganz dicht über der Stadt und sieht die vielen Lichter. Vielleicht sogar schon das Zirkuszelt?

Pelle beschließt, ihm entgegenzufliegen. Er holt ein kleines Fußbänkchen, das in Wirklichkeit aber seine geheime Abflugrampe ist. Mutig stellt er sich darauf und macht sich ganz leicht. Er konzentriert sich auf den Start.

Alles Übungssache! -

Er duckt sich und atmet ein paarmal tief ein und aus - seine neu entwickelte todsichere Flugatemtechnik. Im nächsten Moment schnellt er hoch, wie von einer Sprungfeder emporgeschleudert, schlägt wild mit den Armen, als ob es Flügel wären, - und stürzt auf den Manegenboden.

„So'n Mist! Warum klappt das denn nie mit dem Fliegen?!"

Dabei hat Pelle so viel geübt! Immer und immer wieder, besonders den Abflug, denn der Start ist das schwierigste. Wenn man erst mal oben in der Luft ist...!

„Runter kommen sie immer!" sagt man scherzhaft.

Naja, schade! Wenn es diesmal geklappt hätte, dann hätte sich Angelo aber gewundert! Und es wäre auch praktisch gewesen. Pelle hätte ihm unterwegs schon erzählen können, was unten im Zirkus augenblicklich los ist.

Angelos Ankunft

Im nächsten Moment blitzt und donnert es heftig, Rauch-
schwaden verbreiten sich in der Manege, und ein unheimliches
Brausen kommt schnell näher. Es hört sich an, als ob ein
Düsenflugzeug landet.

Pelle erschrickt und geht hastig irgendwo in Deckung.

Da schießt Angelo auf seinem goldenen Fahrrad durch den
Rauch in die Manege, fährt über die große Wippe und stürzt
zu Boden. Er rappelt sich aber sofort wieder auf und ist bester
Laune:

„Menschenskinder, war das ein Heidenspaß! Mit dreizehn-
facher Lichtgeschwindigkeit einfach volle Pulle hier runter!
Eleison, da bin ich!"

Die letzte Rettung

Pelle eilt aus seiner Deckung hervor und begrüßt Angelo
erfreut:

„Angelo! Daß du wieder hier bist!"

„Pelle, alter Freund! Schön, dich wiederzusehen!" freut sich
auch Angelo.

Pelle geht einmal im Kreis um Angelo herum, um nachzu-
sehen, ob wirklich alles an ihm heilgeblieben ist. Dann sagt er
voller Bewunderung:

„Das war vielleicht 'ne Landung! Wie du das immer
hinkriegst?!"

Angelo fragt, wie es Pelle geht und wo die anderen Freunde

sind, denn er braucht ihre Hilfe, und zwar dringend.

Pelle ist bestürzt. Kleinlaut sagt er:

„Du brauchst Hilfe von uns? - Ach Angelo, wenn du wüßtest, was passiert ist! Von uns kann gar keine Rede mehr sein. So doll gestritten haben wir uns noch nie!"

Was?! - Aber das geht doch nicht! Sie sind doch seine letzte Rettung! - Angelo ist entsetzt. Er war überzeugt davon, daß sein Problem durch seine Freunde auf der Erde gar kein Problem mehr wäre. Und nun sagt Pelle auch noch:

„Nein, du bist unsere letzte Rettung! Sonst geht der Zirkus auseinander, und die Weihnachtsgala fällt aus. Dabei sind schon alle Karten verkauft!"

„Aber ich brauche euch doch deshalb," versucht Angelo zu erklären, „weil es um Ehrenfeld geht, und ihr seid doch alte Ehrenfeldhasen!"

„Wie bitte? Feldhasen?" regt sich Pelle auf.

„Erstens bin ich ein Schwein, zweitens ist in Ehrenfeld alles in Ordnung, nur, drittens, im Zirkus Spökes & Spärlich nicht! Also gehe ich jetzt schleunigst die anderen holen, damit du ihnen mal kräftig den Marsch blasen kannst!"

Und schon ist Pelle weg.

Angelo nimmt seine Posaune, betrachtet sie und murmelt ratlos:

„Den Marsch blasen? ... Welchen?"

Angelo macht sich Sorgen

Angelo schüttelt den Kopf. Es gibt wichtigere Fragen, die ihm Kopfzerbrechen bereiten, viele Fragen.

Irgendetwas muß mit seinen Freunden passiert sein! Angelo fragt sich, was? - Er ist aus Pelle nicht schlau geworden. - Und wie konnte es passieren, was auch immer es war? Warum sind die anderen nicht da? Und warum ist Pelle so stocksauer und hört so schlecht zu, als ob man gegen eine Mauer anreden würde?

Dabei ist er doch Angelos Freund! Genau wie Herr Bollermann und Olilie. Die ganze Zirkusfamilie besteht doch nur aus Freunden!

Und wer soll Angelo helfen können, wenn nicht seine Freunde in Ehrenfeld? Denn Angelo muß ein Wunder vollbringen. Aber nicht im Himmel, wo er sich auskennt, sondern auf der Erde. Und nicht irgendwo auf der Erde, sondern ausgerechnet in Ehrenfeld, wo seine Freunde zu Hause sind.

„Das ist Glück im Unglück!" hat sich Angelo gefreut, und nun diese bittere Überraschung!

Angelo macht ein Gesicht wie sieben Tage Regenwetter.

Auf leisen Sohlen schleichen sich unterdessen Pelle, Herr Bollermann und Olilie ins Zelt. Sie wollen Angelo überraschen.

„Wenn mir das Wunder in Ehrenfeld nicht gelingt," seufzt Angelo, „ist das mein Grab. Ich kann nachts schon nicht mehr schlafen, immerzu muß ich an die Strafe denken, die mir

droht, weil sie so schrecklich ist."
Und beim Gedanken an die Strafe packt Angelo das Grauen
derart, daß er kraftlos auf den Manegenrand niedersinkt.

Ein freudiges Wiedersehen

Herr Bollermann schleicht sich vorsichtig an Angelo heran und
grinst dabei wie ein Honigkuchenpferd. Er hält die Vorfreude
kaum aus. Aus nächster Nähe sagt er plötzlich:
„Hallo, Angelo!"
Angelo erschrickt zuerst ein bißchen, doch im nächsten
Moment freut er sich riesig, Herrn Bollermann wiederzusehen:
„Herr Bollermann!" ruft er aus und steht auf, um ihn in die
Arme zu nehmen. Aber irgendetwas in seinen Händen sprüht
Funken, also hält er inne. Händeschütteln geht natürlich auch
nicht. Also klopfen sich die beiden gegenseitig kräftig auf die
Schultern und sagen dazu immer wieder liebevoll „Angelo!"
und „Herr Bollermann!" - „Angelo!" - „Herr Bollermann!"...
Ziemlich lange. Endlos lange. So lange, bis Olilie dazwischen-
tritt, sie auseinanderschiebt und sagt:
„Hey, Angelo, schön, daß du endlich da bist! Wie war die
Landung?"
Dabei sieht sie sich grinsend seine Flügel an...

Angelos Strafe

Dann fragt Olilie:

„Sag mal, was meinst du eigentlich mit der schrecklichen Strafe, die dir droht, und wofür?"

Da verwandelt sich Angelos freudestrahlendes Gesicht wieder in die Sieben-Tage-Regenwetter-Miene von vorher, und er antwortet:

„Wahrscheinlich muß ich für immer und ewig und drei Tage auf die Schreibstube!"

„Schreibstube!" wiederholt Herr Bollermann begeistert und richtet die weit ausgebreiteten Arme zum Himmel empor: „Verseschmiede!"

„Von wegen!" stellt Angelo richtig. „Das ist keine Dichter-werkstatt, sondern da steht die Weihnachtswunschzettel-sortiermaschine, und ich soll die Wunschzettel abstempeln! Alle, Tag für Tag, immer und ewig!"

„Und drei Tage." ergänzt Pelle erschüttert.

„Oje!" ruft Olilie voll Anteilnahme.

„Auweiha!" jammert Herr Bollermann.

„Halleluja!" versucht Angelo, sich selbst ein bißchen aufzumuntern.

Angelos Song vom Zusammenkrachen

Kann doch

jedem mal passieren, einen Fehler zu machen, daß mal

was kaputt geht, Scherben bringen Glück, kann doch

jedem mal passieren, zu sammen-zu-krachen, mit nem

Himmelskörper, der nicht weicht zu-rück

Angelos Schuld

Seiner Meinung nach verdient er eine so schreckliche Strafe
eigentlich auch gar nicht. Schließlich kann es jedem mal
passieren, einen Fehler zu machen. Und dann geht eben mal
was kaputt. Nicht umsonst sagt man:
„Scherben bringen Glück!"
„Also muß Angelo irgendwas kaputt gemacht haben!" denken
seine irdischen Freunde. „Aber was und wie?"

Doch Angelo will nicht recht heraus mit der Sprache.
Wieder typisch!
„Kann doch jedem mal passieren," behauptet er,
„mit einem Himmelskörper zusammenzukrachen - bei dem
dicken Verkehr, der zur Weihnachtszeit auf der Milchautobahn
herrscht."
„Aha!" denkt Olilie und fragt Angelo:
„Sag bloß, du bist mit deinem Himmelsfahrrad gegen einen
Fixstern geknallt?!"
Doch Pelle meint:
„Dann wäre sein Drahtesel nur noch Schrott!"
„Genau!" sagt Angelo. „Pelle hat Recht."
Angelo zückt seine himmlische Dienstmarke und zeigt sie den
Freunden.
„Hier, immerhin bin ich Null-Null-Vier, Kurier im
WEG UND ZUSCH!"
„Halleluja!" sagt Olilie.
Und Pelle sagt:

„Auweiha!"

Und: „Oje!" Herr Bollermann.

Und alle drei fragen im Chor:

„Was?!"

Und Angelo antwortet nicht ohne Stolz:

„Kurier im Weihnachtsgeschenkezustellschnelldienst. Ihr glaubt gar nicht, wieviele Weihnachtspakete allein zwischen Ahrweiler und Argentinien unterwegs sind.

Und alles mit dem Fahrrad - das hält kein Schwein aus!"

„Wie bitte?" meldet sich Pelle.

„Entschuldigung! War nicht so gemeint, Pelle!" sagt Angelo.

„Also, da hab ich mir gedacht, der steht doch sowieso die ganze Zeit nur rum!"

„Wer?" fragen die drei Freunde wie aus einem Mund.

„Na, das Sternenauto, der Große Wagen!" antwortet Angelo.

„Ihr kennt doch bestimmt den Großen Wagen, man sieht ihn von der Erde aus, wie er nachts am Himmel steht... Naja, jetzt nicht mehr. Ich hab' ihn mir ausgeborgt, und dann ist es eben passiert. Mit einem Fixstern, dessen Licht kaputt war, bin ich halt, naja, bin ich halt zusammengeknallt."

„Und der Große Wagen?" fragen die drei wieder wie aus einem Mund.

„Schrott." flüstert Angelo. „Das ist es ja, das schöne Sternenauto ist im Eimer!"

Angelo blickt jeden seiner Freunde ernst der Reihe nach an.

Sie stammeln durcheinander:

„Auweiha!", „Halleluja!" und „Oje!"

Ihr Freund Angelo sitzt ganz schön in der Tinte! Aber echte Freunde halten bekanntlich zusammen.

„Wie Pott und Deckel!" behauptet Olilie, und sie hat schon eine Idee:

„Mit einer Tüte voll mit meinem Goldregenzauber mache ich dir den Großen Wagen wie neu. Wo hast du den Schrotthaufen abgestellt?"

Herr Bollermann, Pelle und Angelo sehen sich an. Der Zweifel steht ihnen deutlich ins Gesicht geschrieben. Noch nie hat eines von Olilies Zauberkunststücken geklappt, jedenfalls nie so wie beabsichtigt.

Angelo eilt hinter Olilie her und ruft:

„Nicht doch, Olilie! Du verstehst da was falsch! Warte doch mal!"

Und in der Aufregung merkt Angelo nicht, daß er aus der Tasche einen zusammengefalteten Zettel verliert.

Herr Bollermann macht alles allein

Aber Pelle bemerkt es. Herr Bollermann ist zu sehr beschäftigt. Er betrachtet nämlich die große Wippe nachdenklich und murmelt sorgenvoll:

„Ach, der große Höhepunkt unserer Weihnachtsgala! Da wird wohl nichts mehr draus!"

Doch dann hellt sich seine Miene auf und er sagt:

„Höchstens, wenn ich ganz allein... Genau! Ich mache die Sache allein! Allein könnte ich es schaffen!"

Und Herr Bollermann ruft Pelle zu:

„He, Pelle, ich mache den Höhepunkt der Weihnachtsgala ganz allein! Komm, hilf mir mal!"

Pelle will eigentlich gerade den Zettel aufheben, den Angelo eben verloren hat, doch Herr Bollermann führt ihn zur Wippe und stellt ihn auf das Ende, das auf dem Boden liegt.

„Du mußt nur hier stehen, ruhig, aber locker!" sagt Herr Bollermann. Dann geht er zurück und nimmt Anlauf, um auf das andere Ende zu springen. Doch plötzlich überlegt er es sich anders. Er holt einen Sack, nimmt ein dickes Seil, das von oben herunterhängt, und befestigt den Sack am Seil.

Pelle starrt die ganze Zeit auf den Boden, wo der Zettel liegt. Schließlich hält er seine Neugier nicht mehr aus. Er verläßt seinen Platz auf der Wippe und hebt den Zettel auf.

Genau in dem Moment läßt Herr Bollermann mithilfe des herabhängenden Seils den Sack auf das andere Ende der

Wippe knallen. Die Seite, auf der Pelle gestanden hat, schnellt wuchtig nach oben. Herr Bollermann schaut zu Pelle und ist zufrieden.

„Pelle ist mit beiden Beinen sicher auf dem Boden gelandet!" denkt Herr Bollermann. „Klappt ja prächtig! Ich brauche wirklich niemanden!"

Dann sagt er:

„Laß uns das noch einmal probieren, Pelle! Ich mache alles allein. Du mußt dich bloß auf die Wippe stellen, ganz entspannt!"

Herr Bollermann drückt die Wippe herunter, damit Pelle sich daraufstellen kann.

Aber Pelle hat den Zettel in der Hand und sagt:

„Guck mal, was ich hier gefunden habe!"

„Stör' mich nicht!" erwidert Herr Bollermann.

„Ich muß mich auf meine Arbeit konzentrieren."

Und man sieht, daß er sich tatsächlich sehr anstrengt, wie er so dasteht und über irgendwelche Veränderungen oder Verbesserungen nachdenkt.

Der Wunschzettel

Pelle stellt sich währenddessen zwar auf seinen Platz, aber dann
beginnt er, laut zu lesen, was auf dem Zettel steht. Das muß
ein Wunschzettel sein, denn er beginnt so:
„Lieber guter Weihnachtsmann,
dieses Jahr bin ich mal an der Reihe."
Ohne aufzugucken sagt Herr Bollermann:
„Nee, nee, ich bin jetzt dran, und du bleibst da stehen!"
Dann geht er weg und kommt mit einem größeren Sack
wieder. Auf dem Sack steht:
„50 Kilo dicke Kartoffeln vom dummen Bauern"

Pelle liest inzwischen weiter:
„Meisterlich reimen würd' ich zu gerne,
Ich wünsche mir deshalb, daß ich es mir aneigne!"
Pelle blickt zu Herrn Bollermann. Würde ihn nicht wundern,
wenn Herr Bollermann das geschrieben hätte. Herr Bollermann
beginnt, den großen Kartoffelsack am herabhängenden Seil zu
befestigen und murmelt:
„Mannomann, man lernt wirklich nie aus!"
Und Pelle liest weiter:
„Und daß im Zirkus herrscht wieder Frieden,
sind wir drei auch noch so verschiedener Meinung!"
Pelle grinst. Der Wunschzettel ist ganz bestimmt von Herrn
Bollermann! Und schnell liest er weiter:
„Deshalb wünsche ich mir als Vorschlag zur Güte:
Zaubern und Fliegen kommen nicht mehr in die Tonne!"

„Herr Bollermann!" entrüstet sich Pelle.

„Ja, ja, ich bin gleich soweit. Fehlt nur noch eine Tüte Nüsse, dann haut das hin mit dem Gewicht!" entgegnet Herr Bollermann und geht die Tüte Nüsse holen.

Währenddessen liest Pelle auf Herrn Bollermanns Wunschzettel:

„Denn daß sie's nicht können, gibt bloß Streit und Zank, macht Olilie und Pelle im Kopfe ganz wirr."

„Daß Olilie nicht zaubern kann, das stimmt" denkt Pelle. „Da hat Herr Bollermann Recht! Aber daß ich nicht fliegen kann, das stimmt ganz und gar nicht!"

Und Pelle ärgert sich mächtig darüber, daß Herr Bollermann so etwas an den Weihnachtsmann hat schreiben können. Natürlich kann er fliegen! Und wenn nicht, dann wird er es jedenfalls lernen! Und deshalb ruft er entrüstet aus: „Jetzt reicht's aber langsam!"

„Genau!" bestätigt Herr Bollermann. „Jetzt reicht's!" Er befestigt die Tüte mit Nüssen am Seil und sagt zufrieden: „Das Gewicht müßte jetzt stimmen. Ich glaube, mein Solo-Kunststück wird sensationell!"

Doch steht auf Herrn Bollermanns Wunschzettel noch etwas, und Pelle ist entschlossen, bis zum bitteren Ende zu lesen. Und so liest er:

„Zirkus als zauber- und flugfreie Zone wünsche ich mir, denn es geht besser ohnedem!"

Jetzt wird es Herrn Bollermann aber zu bunt, und er herrscht

Pelle an:

„He, was erzählst du da eigentlich für einen Quatsch?! Zirkus ohne Fliegen und Zaubern, das geht doch gar nicht!"

„Warte mal, warte mal!" wehrt Pelle ab.

„Da steht noch was, ganz unten auf dem Zettel: 'P Punkt, S Punkt, Doppelpunkt: Was reimt sich auf Anhängerkupplung? - Vielleicht Kartoffelschälmesser?"

Und Pelle blickt Herrn Bollermann herausfordernd an.

Herr Bollermann wird puterrot, weil er jetzt endlich begreift, daß Pelle schon die ganze Zeit seinen, Herrn Bollermanns, Weihnachtswunschzettel vorliest. Und Herr Bollermann findet Pelles Grinsen richtig hinterhältig und seine Frage auch. Denn Pelle fragt betont langsam:

„Sag mal, Herr Bollermann, das ist doch nicht rein zufällig dein Wunschzettel?"

Herr Bollermann gibt sich die größte Mühe, nicht zu verraten, wie peinlich ihm die Angelegenheit ist. Deshalb tut er so, als ob sie ihn nicht viel angeht. Er sagt leichthin:

"Der? Gib mal!" und sieht sich seinen Wunschzettel von nahem an.

„Woher hast du den?"

„Ooch, der flog hier auf dem Boden rum!" antwortet Pelle treuherzig. Herr Bollermann schüttelt den Kopf:

„Nee, der kann unmöglich von mir sein. Hier, sieh mal: Ist ja gar nicht meine Handschrift!"

Und blitzschnell läßt er seinen Wunschzettel in einer Hosentasche verschwinden.

Verbote verboten

Da kommen Angelo und Olilie zurück. Angelo redet beruhigend auf Olilie ein. - Ist ja nicht so schlimm, daß ihr brandneues Zauberpulver nichts genützt hat. Ja, und für ihren alten Bollerwagen dankt Angelo ihr auch recht herzlich, auch wenn er ihn im Himmel wohl kaum als Ersatz für den Großen Wagen anbieten kann.

„Du, Angelo," fragt Herr Bollermann wie jemand, der mal ein ernstes Wörtchen mit ihm reden muß, „wieso fliegen hier Weihnachtswunschzettel herum?"
„Wunschzettel?"
Angelo versucht, sich den Schreck, den er bekommt, nicht anmerken zu lassen. Äußerst verstohlen kramt er in seinen Taschen herum.
„Ja," bestätigt Herr Bollermann, „Wunschzettel!"
Und Olilie und Pelle sehen Angelo jetzt auch an wie Eltern, wenn sie ihr Kind fragen:
„Na, hast du uns gar nichts zu sagen?!" und dabei in Wirklichkeit längst schon wissen, was ihr Sprößling ausgefressen hat.
Währenddessen fährt Herr Bollermann fort:
„Pelle hat nämlich vorhin einen Wunschzettel gefunden und laut vorgelesen. Ich dachte immer, es gibt so etwas wie ein Weihnachtswunschzettelgeheimnis!"
„Normalerweise gibt es das schon." erklärt Angelo, peinlich berührt.

„Aber in diesem Fall habe ich ihn wohl ausnahmsweise aus der Hosentasche verloren. Was aber halb so schlimm ist, weil der Wunschzettel sowieso nur von einem von euch dreien stammen kann, und er ist in jedem Fall ungültig."

„Wieso?" fragen die drei Freunde im Chor.

„Die Weihnachtswunschzettelsortiermaschine hat sie ausgespuckt, alle drei." antwortet Angelo bedauernd.

„Wieso?" kommt es von den dreien wie ein Echo.

„Weil in Wunschzetteln Verbote verboten sind." erklärt Angelo. „Emil darf sich nicht wünschen, daß Sascha nie mehr Mittelstürmer spielen darf. Muß ich deutlicher werden?"

„Aber ich kenne weder einen Emil noch einen Sascha." wirft Pelle verständnislos ein.

Herr Bollermann und Olilie blicken ihn an und sagen: „Pelle!"

„Das ist nur ein Beispiel!" hilft Herr Bollermann ihm. Und endlich versteht auch Pelle und sagt kleinlaut: „Achso!"

Der Reigen

Zerknirscht gibt Olilie zu, daß in ihrem Wunschzettel genau so ein Wunsch steht. Herr Bollermann soll nicht mehr dichten dürfen und Pelle nicht mehr fliegen. Aber nur, weil sie es ja sowieso nicht können und sie sich darüber so schrecklich ärgern.

Herr Bollermann und Pelle sehen sich an, dann blicken beide empört zu Olilie.

Doch Olilie gibt keineswegs klein bei:

„Jawohl!" ereifert sie sich. „Sie ärgern sich sogar dermaßen, daß sie richtiggehend gemein werden! Wer hat, zum Beispiel, die Mausefalle in meinen Schuh gesteckt?" fragt sie.

Da meldet sich Herr Bollermann und behauptet eigensinnig: „Das war nur wegen dem Kaugummi, das in meiner kleinen Verseschmiede klebte!"

Pelle besteht dickköpfig darauf, daß das Kaugummi ihm ganz versehentlich aus dem Mund und völlig zufällig genau in Herrn Bollermanns Dichterbuch gefallen ist. Herr Bollermann und Olilie sehen sich an und schütteln ungläubig die Köpfe, doch Pelle will nun seinerseits wissen, wer die Schmierseife auf die Sprossen seiner Abflugleiter gepinselt hat.

Herr Bollermann wirft einen kurzen Blick zu Olilie hinüber und stammelt dann:

„Olilie hat... sie wollte... Ich habe jedenfalls verhindert, daß sie ihren Zaubermixkleber auf die oberste Stufe gestrichen hat!"

Das läßt Olilie nicht auf sich sitzen:
„Hah! Der Herr Bollermann wollte sogar die Sprossen
ansägen, und wenn ich ihm nicht eine Maus in den Werkzeug-
kasten gesetzt hätte... Wouw! - hat der sich erschreckt!"

Allmählich hat Angelo genug! Er sieht Herrn Bollermann an,
nickt betrübt und führt den traurigen Reigen der wechsel-
seitigen Nickeligkeiten seiner Freunde zum Ausgangspunkt
zurück:
„Und deshalb hast du dann die Mausefalle in Olilies Schuh..."
Herr Bollermann nickt schuldbewußt.

Das Wunder

Angelo blickt in die Runde und fragt mit sorgenvoller Miene:
„Könnt ihr mir mal verraten, was hier eigentlich los ist?"
Die Frage erntet bei seinen Freunden nur allgemeines Kopf-
schütteln. Niemand weiß eine Antwort.
Da sagt Angelo, und es klingt ein bißchen bitter:
„Ihr macht hier den Molly, aber wißt nicht mal, warum ich zu
euch gekommen bin! Ich brauche eure Hilfe, deshalb! Ich muß
nämlich ein Wunder vollbringen, hier auf der Erde, und zwar
genau in Ehrenfeld! 'Echte Fründe stonn zesamme!'- heißt es
bei euch nicht so?"
Da reden die drei Freunde, die eben noch so stumm waren
wie Fische, plötzlich alle durcheinander:
„Rischtisch", „Sischer dat!", „Jenau!" und dann schnell
wieder hochdeutsch:
„Aber wir helfen dir doch gerne!",
„Na, klar, machen wir!", „Nichts leichter als das!"
Angelo beendet das Durcheinander mit einem kräftigen
„Halleluja!"

Und Olilie fällt ein, daß sie das Wichtigste eigentlich noch gar
nicht wissen.
„Hör mal, Angelo," fragt sie vorsichtig, „was für ein Wunder
soll das denn überhaupt sein?"
Die drei Freunde blicken Angelo gespannt an.
„Weiße Weihnacht in Ehrenfeld!" antwortet er.

Weiße Weihnacht in Ehrenfeld, gibt es die?

Weiße Weihnacht in Ehrenfeld? - Oh ja, das wäre ein Traum!
Herr Bollermann würde Olilie und Pelle Weihnachten auf
einem Schlitten durch die weiße Pracht von Ehrenfeld ziehen!
Das wäre wirklich schön!

„Galaktisch!" ruft Olilie.

„Aber ich sitze vorne!"

Bevor der fällige Streit um die Plätze auf Herrn Bollermanns
Schlitten richtig ausbrechen kann, erinnert Herr Bollermann
daran, wie unwahrscheinlich es ist, daß es Weihnachten in
Ehrenfeld schneit.

„In der Schneifel, vielleicht, aber nicht hier!" sagt er mit
Überzeugung.

„Schneifel? - Was soll das denn sein?" macht sich Pelle über
Herrn Bollermann lustig. „Das heißt 'Schnee-Eifel', aber doch
nicht 'Schneifel'!"

„Du Sülzkopf bist doch nie über Sülzburg hinausgekommen,
wie sollst du die Schneifel kennen?!" ärgert sich Herr
Bollermann. „Jedenfalls ist Weiße Weihnacht in Ehrenfeld so
komplett unmöglich wie... wie, daß Pelle und Olilie ständig
nett zu mir wären!"

Pelle und Olilie schneiden Herrn Bollermann spöttische
Fratzen.

Herr Bollermann wirft Angelo einen leicht gequälten Blick zu
und sagt:

„Da siehst du, was ich meine, Angelo!"

Was kann man tun, damit Stadtschnee weiß bleibt?

Doch ist die Debatte noch keineswegs beendet. Selbst wenn es in Ehrenfeld ausnahmsweise einmal zur Weihnachtszeit schneien sollte - und nicht erst Ende Januar -, dann würden die vielen Autos den Schnee rasch grau und matschig fahren. Darüber sind sich die drei Freunde einig.
Aber was könnte man da tun?

Olilie will ihre Konfetti- und Goldregenmaschine mit Heftzwecken füttern und als Heftzweckschleudermaschine einsetzen, die auf alle Straßen von Ehrenfeld Heftzwecken regnen läßt. Das würde kein Autoreifen überleben. Die Autos müßten stehenbleiben, und der Schnee würde weiß bleiben. Aber man würde ihn kaum sehen, weil die Autos, wenn sie nicht fahren, überall in der Gegend herumstehen. Dagegen weiß Herr Bollermann jedoch ein Mittel:
Er könnte die Autos kurzerhand umstürzen und auf den glatten Dächern wie Schlitten wegschieben, hinaus aus Ehrenfeld.

Und damit sie nicht zurückkommen können, meint Olilie, müßte er alle Straßen, die nach Ehrenfeld hinein führen mit Pömpeln verpollern, der Herr Poller... äh, Bollermann. Und Olilie würde dann zwischen die Poller... äh, Pöller... nein, Pömpel goldene Ketten hängen wie Lametta. Das würde auch wunderschön weihnachtlich aussehen...

58

Fernschnee oder Kunstschnee?

„Und woher kommt der Schnee, wenn es nicht schneit?" wirft Angelo ein, bevor sich der Einfallsreichtum seiner Freunde in immer mehr unwichtige Einzelheiten verliert.

Die richtige Frage zum richtigen Zeitpunkt! Die Freunde schweigen betreten.

Da erinnert Herr Bollermann noch einmal an die Schneifel.

„Schnee-Eifel!" verbessert Pelle prompt.

„Schneifel!" beharrt Herr Bollermann.

Jedenfalls gibt es da oft große Mengen Schnee. Man muß sie nur hierher bekommen. - Tja, wenn Angelos Großer Wagen noch heil wäre...!

Ist er aber nicht. Glücklicherweise hat Olilie die rettende Idee: Sie könnte ja aus ihrer Konfetti- und Goldregenmaschine, die inzwischen eine Konfetti-, Goldregen- und Heftzweck-schleudermaschine wäre, die Heftzwecken ohne weiteres wieder herausnehmen und die Maschine stattdessen einfach mit weißem Papier füllen... oder nein, vielleicht besser mit Milch?... Genau! Dann würden nur noch sämtliche Eiswürfel aus sämtlichen Kühlschränken von ganz Ehrenfeld benötigt. Und Olilie holt flugs ihr dickes Zauberbuch aus dem Koffer mit der Aufschrift „Olilies Zauberei", denn ein Zauberspruch der Super-Sonderklasse könnte auch nicht schaden!

„Du und deine Konfettigoldheftzweckenschleuder!" murrt

Herr Bollermann. „Was ist ist denn da bisher rausgekommen?"
„Qualm!" sagt Pelle schnell und kommt damit Olilies Antwort
zuvor.
Doch Olilie ist sicher, daß es diesmal ganz bestimmt klappen
wird mit ihrer Wunder-Maschine. Das spürt sie in ihrem dicken
Zeh.

Tiefflieger, Tiefzauberin und Tiefdichter

Da sagt Herr Bollermann:
„Ach, du kannst doch überhaupt nicht zaubern!"
„Kann ich doch!" wehrt sich Olilie.
Pelle versucht, den aufkommenden Streit im Keim zu
ersticken, aber bevor er etwas sagen kann, setzt Olilie hinzu:
„Aber du kannst nicht dichten. Reimt sich ja nie!"
„Wird sich eines Tages schon reimen!" widerspricht Herr
Bollermann schnell, bevor Pelle zu Wort kommt.
„Und dann kannst du noch lange nicht zaubern!"
Und bevor Pelle sich nun doch endlich einmischen kann,
wenden sich die beiden Streithähne, die sich die ganze Zeit
giftig angestiert haben, plötzlich ihm zu und sagen wie aus
einem Mund:
„Und du wirst nie fliegen können!"
Das hat gesessen. Doch Pelle ist einiges gewöhnt inzwischen. Er
schluckt die böse Überraschung hinunter und antwortet:
„Und ich werde doch fliegen können, weil ich es nämlich jetzt
schon kann! Ich fliege lediglich noch ein bißchen tief."

„Tiefflieger!" spottet Herr Bollermann, und Olilie lacht schallend.

Da höhnt Pelle:

„Tiefzauberin!"

Und Herr Bollermann lacht schallend.

Doch Olilie nennt ihn einen „Tiefdichter", und da lacht Pelle schallend.

Herr Bollermann sagt daraufhin zu Olilie:

„Mensch bist du blöde!"

Und Pelle sagt:

„Ihr seid beide total öde!"

Und im Nu ist schon wieder der größte Streit im Gange!

Wenn es einem Engel mal zu bunt wird

„Heiliger Strohsack!" ruft Angelo. „Jetzt ist aber mal Schluß!"
Und dann geschieht etwas sehr Merkwürdiges. Ich weiß nicht,
ob ihr euch das vorstellen könnt.

Ich spreche nicht von den zuckenden Blitzen und dem ganzen
Qualm im Zelt, auch nicht von dem Höllenlärm, obwohl mir
die Ohren davon noch lange klingen und singen werden. Nein,
ich meine vielmehr die äußerst merkwürdige Wirkung dieses
Schauspiels auf unsere drei Streithammel. Denn mitten in ihrer
dicksten und lautstärksten Streiterei fährt ein Ruck durch alle
drei gleichzeitig, und auf der Stelle herrschen Ruhe und völlige
Bewegungslosigkeit. Ja, sie sehen aus wie eingefroren. Pelle,
Herr Bollermann und Olilie sind mitten in der Bewegung
erstarrt und mitten im Wort verstummt.

Könnt ihr euch das vorstellen? - Also doch! - Umso besser!

Aber das ist selbstverständlich alles Angelos Werk, irgendwie
auf geheimnisvolle Weise! Schließlich ist Angelo ein Engel,
und wenn es einem Engel mal zu bunt wird...!

Kann Angelo seinen Freunden helfen?

„Halleluja!"

Angelo atmet auf. Ist die Ruhe nicht himmlisch? Das, was seine irdischen Freunde zuvor veranstaltet haben, war ja nicht mehr zum Aushalten. Doch was soll er mit ihnen jetzt machen? - Gut, so sind sie still und stumm, aber er kann sie doch nicht ewig wie Salzsäulen oder Denkmalsfiguren herumstehen lassen. Sie sind doch trotz allem seine Freunde!...
Verflixt dickköpfige Freunde allerdings! - Wenn man daran etwas ändern könnte!?...

Angelo fragt sich, was seine Freunde so verbissen und verbiestert macht.

Und dann erinnert er sich an ihre Wunschzettel. Alle drei sind von der Weihnachtswunschzettelsortiermaschine ausgespuckt worden. Warum?

Weil in jedem der Wunsch stand, die anderen beiden Freunde sollten nicht mehr dürfen, was sie am liebsten tun - wenn auch völlig erfolglos. Gut, man darf sich keine Verbote wünschen. Verbote sind in Wunschzetteln verboten, aber woher kommen die verbotenen Wünsche der Freunde?

Doch daher, daß Herr Bollermann nie einen Reim findet, Olilie nie ein Zauberkunststück fertigbringt und Pelle immer auf der Nase landet. Da kann man sich ja wohl denken, wie ihnen das auf die Dauer die Laune vermiest! Oder etwa nicht? - Aber sicher doch!

Ja, und so denkt jeder der Freunde über die andren beiden: Wenn ihre miese Laune zum Dauerzustand wird, dann werden sie unleidlich und ungerecht und so nervös, daß sie im Nu von Null auf Achtzig sind, rot anlaufen und herumstreiten und herumzanken müssen.

Und genau das wollte jeder der Freunde mit seinem verbotenen Wunsch auf dem Wunschzettel bei den beiden anderen ändern.

Gut, soweit ist Angelo schon mal. Und seine Freunde stehen immer noch wie Schießbudenfiguren unbeweglich in der Manege `rum. Wie kann er ihnen helfen?

Angelo hat eine Idee.

Bäumchen, wechsle dich!

Er geht zum Pelle-Standbild und streift ihm Fliegerhelm und Schutzbrille vom Kopf und den Umhang von der Schulter. Damit geht Angelo zum Herr-Bollermann-Denkmal, setzt ihm Helm und Brille auf und legt ihm den Umhang um die Schulter. Aus der Tasche der Denkmalsfigur holt er das Büchlein mit der Aufschrift „Die Große Verseschmiede" und die Dichterbrille. Damit geht Angelo zur steinernen Olilie, legt ihr das Büchlein in die Hand und setzt ihr die Brille auf die Nase. Den kleinen Koffer mit der Aufschrift „Olilies Zauberei", den die Steinfigur dabei hat, nimmt er ihr weg und geht damit zum Pelle-Standbild, dem er ihn in die Hand drückt.

So! Fertig! Woran erinnert euch das?
Richtig: an ein Spiel. Es heißt: „Bäumchen, wechsle dich!"

Dann geht es wieder los mit Blitz, Donner und Rauch, kurz und heftig. Und wenn die dichten Schwaden sich allmählich verziehen, sieht man, wie Olilie mit dem Dichterbüchlein in der Hand angestrengt, aber mit galaktischer Begeisterung, Worte wägt.

Und was macht Herr Bollermann? Steht er nicht auf dem Fußbänkchen, das in Wirklichkeit Pelles heimliche Abflug-rampe war? Ja, tatsächlich!

Und er übt dort oben - naja, ziemlich weit unten - erst einmal probeweise den Trockenflug. Das heißt, er macht so ähnliche Bewegungen mit den Armen, wie Vögel sie mit den Flügeln machen, doch vorerst noch, ohne den Absprung vom Bänkchen, pardon!, von der Rampe, zu wagen.

Dann muß Pelle ja zaubern!

Stimmt! Er ist gerade dabei, ein Geheimnis in die Luft zu schreiben!

Mit dem aufgeschlagenen Zauberbuch in der einen Hand murmelt er etwas vor sich hin. Was, ist nicht zu verstehen. Aber es sind bestimmt rätselhafte Worte. Wahrscheinlich sollen sie das Geheimnis, das er mit weit ausholenden Bewegungen des anderen Arms in den leeren Raum zaubert, vollenden.

Nun ja, daß es nicht gleich auf Anhieb klappt, wundert niemanden, am wenigsten Pelle selbst. Es ist noch kein Meister vom Himmel gefallen!

Wie Olilie und Herr Bollermann vorankommen

Und wie steht es mit der hohen Kunst des meisterlichen
Reimens bei Olilie? - Hören wir ihr mal zu!

„Das Weihnachtsfest steht vor der Tür." dichtet sie und
schreibt es eilends auf.

„Das heißt, das Fest ist fast schon..." fährt sie fort und
überlegt.

„... das Fest ist fast schon, fast schon... Noch mal!
Das Weihnachtsfest steht vor der Tür.
Das heißt, das Fest ist fast schon... fast schon da!
Schon heute ist das Feiern toll,
Das Zirkuszelt ist proppen... proppen... überfüllt!"

Naja, mit dem Reimen hapert es noch ein ganz klein wenig.

Doch Herr Bollermann kommt mit seiner neuen Leidenschaft,
dem Fliegen, recht gut voran. Er denkt praktisch und handfest.
Wenn der Sack mit den 50 Kilo dicken Kartoffeln vom
dummen Bauern und eine Tüte Nüsse am Seil hängen können,
warum soll er sich dann nicht, vielleicht eingehakt an einen
Gürtel, an das Seil hängen? Herr Bollermann nickt zufrieden
und geht einen Gürtel holen.

Pelles Zauberkunststück

Pelle dringt inzwischen mutig in das geheimnisvolle Reich der Zauberkunst vor! Mit Hilfe der Konfetti-Goldregen-und-noch-vieles-mehr-Maschine will er ein einfarbiges Tuch in eins mit vielen bunten Punkten verwandeln. Er steckt das Tuch in die Maschine.

„Dafür brauche ich selbstverständlich noch ein bißchen buntes Konfetti." erklärt Pelle und schüttet es aus einer Tüte zu dem Tuch in die Zaubermaschine.

„Fehlt nur noch der Zauberspruch!" sagt Pelle und sieht im Buch nach. „Da! Da haben wir es ja: 'Wind, Wind, himmlisches Kind, bring bunte Tupfer mir geschwind!'"

Im selben Augenblick gibt es einen lauten Knall. Alle zucken zusammen, sehen dann aber gebannt zu, wie Pelle langsam und sehr vorsichtig ein Tuch herauszieht. Es hat viele, konfettigroße Löcher, fast wie ein Schweizer Käse!

Olilie ruft begeistert: „Galaktisch!"

Und Herr Bollermann fragt voller Bewunderung:

„Pelle, wie hast du das denn gemacht?!"

Verdattert stammelt Pelle:

„Ja... wie eigentlich?... Und was?"

Da rufen Olilie und Herr Bollermann im Chor:

„Pelle, du hast gezaubert!"

Pelle selbst ist immer noch nicht fähig, einen zusammen-hängenden Satz zu sagen. Er stottert:

„Ooch, ich wollte bloß... und das ist auf einmal... das hat dann einfach geklappt irgendwie!"

Im Tiefflug ins Spaßland

Herr Bollermann hängt sich mit seinem Gürtel ans Seil und schwebt waagerecht über der Manege.

Olilie staunt:

„Pelle zaubert Löcher, Herr Bollermann baumelt in der Luft, das ist ja ein Ding!"

„Reimt sich nicht." stellt Herr Bollermann fest.

„Außerdem baumele ich nicht, sondern befinde mich im Tiefflug! Schubs mich doch mal an!"

Olilie gibt Herrn Bollermann einen Schubs, und er schwingt über die ganze Manege, hin und zurück.

„Ich fliiiiiege!" jubelt er.

„Hättest du das gedacht, Pelle?!" fragt Olilie.

„Was?" wundert sich Pelle.

„Naja," antwortet Olilie, „daß unser Herr Bollermann nicht dichten, aber fliegen kann!"

„Reimt sich!" staunen Pelle und Herr Bollermann im Chor.

„Wie denn? Was denn?" fragt Olilie völlig verständnislos.

„Ist nicht so wichtig!" entgegnet Herr Bollermann und kommandiert im Tonfall einer Flughafenansage:

„Die Passagiere nach Spaßland werden gebeten, sich umgehend an Bord zu begeben!"

Olilie und Pelle steigen auf Herrn Bollermann und fliegen mit ihm im Tiefflug quer über die Manege.

Wie schön es ist,
Neues nicht zu können

Bis-her konnte ich nicht

flie-gen zau-bern dichten . doch jetzt

kann ich nicht flie-gen, zau-bern, dichten.

Öf-ter mal was Neues, öf-ter mal was Andres

öf-ter mal was Neues nicht können,

das macht Spaß

Echte Fründe...

„Guten Flug!" ruft Angelo und winkt seinen Freunden zu.
Er hat ihrem fröhlichen Treiben die ganze Zeit erfreut
zugeschaut. Das Bäumchen-wechsle-dich-Spiel, das er mit
ihnen angestellt hat, scheint den Riß in ihrer Freundschaft
gekittet zu haben. Jedenfalls sind die drei Freunde bester
Stimmung. Und alles deutet darauf hin, daß sie nun wieder
so zusammenhalten werden wie zuvor.

Aber Angelo ist auch ein bißchen traurig.
„Also vielleicht bis zum nächsten Mal dann!" schreckt er die
drei Freunde aus ihrer guten Laune auf.
„Ich werde jetzt ebenfalls den Abflug machen!"
„Was?!" rufen die Drei entsetzt und brechen ihren Spaßflug
schleunigst ab. Wie begossene Pudel schleichen sie zu ihrem
himmlischen Freund. Wie konnten sie ihn nur vergessen?!
„Aber der Schnee!... Wir haben doch noch gar nicht..."
stammelt Pelle ratlos. „Dann mußt du ja auf die
Schreibstube!"
„Weihnachtswunschzettel abstempeln!" fügt Olilie
niedergeschlagen hinzu.
„Immer und ewig!" ergänzt Herr Bollermann bedrückt.
„Und drei Tage!" vervollständigt Pelle geknickt.
„Tja, ich muß wohl in den sauren Apfel beißen!" nickt
Angelo betrübt.
„Daß Weiße Weihnacht in Ehrenfeld aber auch so schwierig
sein muß! Es gibt offenbar einfache und knifflige Wunder.

Und dieses gehört anscheinend zur ganz verzwickten Sorte!"

„Ach was!" widerspricht Olilie plötzlich mit dem Mut der Verzweiflung.

„Du weißt doch: 'Echte Fründe stonn zesamme!' Und wir vier kriegen das schon hin! Du und Schreibstube? Kommt überhaupt nicht in die Tüte! Ich dichte schon mal ein Weihnachtsschneezaubergedicht erster Güte!"

„He, das reimt sich ja schon!" freuen sich Pelle und Herr Bollermann.

„Ach, seid doch mal still!" wehrt Olilie ab, die den Reim gar nicht bemerkt hat, und jetzt erst richtig zu dichten beginnt:

> *„Himmel über Ehrenfeld*
> *Einzigartig auf der... Erde..."*

„Und ich flieg' in die Schneifel!" ruft Herr Bollermann, in dem nun auch neuer Kampfgeist erwacht.

„Da mache ich so viel Wind, daß alle Schneewolken nach Ehrenfeld fliegen!"

Und Olilie dichtet weiter:

> *„Hokus pokus fidibus,*
> *Mach mit Angelos Sorgen... ein Ende!..."*

Nun fällt auch Pelle in den Chor der plötzlich wie aus einer Ohnmacht erwachten Freunde mit ein:

„Und ich verzaubere mit Olilies Zaubergedicht blitzschnell die Konfetti-Goldregen-Heftzweckenschleuder in eine Schneezaubermaschine!"

Und schon dichtet Olilie ihr Schneezaubergedicht zu Ende:

„Laß es Weihnachten schneien leis',
Damit alles wird ganz ... hell!"

...stonn zesamme

„Ihr seid wirklich echte Freunde!" stellt Angelo bewundernd fest. „Am liebsten würde ich bei euch mitmachen, im Zirkus!" Da staunen die drei Freunde. Eben noch waren sie ziemlich beschämt, doch jetzt erfüllt sie Stolz. Und sie beginnen zu strahlen wie Christbaumkerzen.

„Das wäre einfach..." Olilie sucht nach Worten, die ihre Gefühle ausdrücken.

„Galaktisch?" hilft ihr Angelo.

„Genau!" bestätigt sie. „Galaktisch!"

„Eine prima Idee von dir, Angelo!" findet auch Herr Bollermann. „Dann klappt bestimmt sogar unser großes Finale!"

„Ja, super!" freut Pelle sich ebenfalls. „Ich spiele schon mal einen Trommelwirbel!"

„Und was soll ich machen?" fragt Angelo schnell, bevor Pelle wirklich lostrommelt.

Oh, da gibt es viele Möglichkeiten! Auf ein Zeichen Olilies nimmt Angelo sie auf die Schulter, um mit ihr zum Trapez zu gehen. Olilie streckt schon die Arme nach dem Trapez aus, da stolpert Angelo und schlägt lang hin, mit ihr auf der Schulter!

Es sieht so komisch aus, daß Herr Bollermann sich vor Lachen nicht halten kann. Pelle läßt sein Schlagzeug augenblicklich Schlagzeug sein und krümmt sich, von Lachsalven geschüttelt. Nach kurzem Schreck werden Olilie und Angelo vom Gelächter der Freunde angesteckt und müssen selbst mitlachen.

Und im Nu verbreitet sich eine solche Ausgelassenheit, daß das große Finale, statt einer Reihe gewagter Artisten-kunststücke, eine Serie von Lachnummern wird. Die große Wippe und alles, was sonst noch in der Manege herumliegt oder herumsteht, wird nur noch zum Quatschmachen benutzt - sogar Olilies Trapez hoch in der Luft! Sie ruft von oben: „He, Angelo, wie geht es dir, du Stolperengel?"

Angelo hat nämlich offenkundig großes Gefallen am Stolpern gefunden. Er stolpert und stürzt auf jede erdenkliche Weise. Sähe es nicht so komisch aus, man könnte Angst um ihn bekommen. Aber er ist ein wahres Stehaufengelchen!

Pelle verschwindet plötzlich und kehrt zurück als China-Mann mit schwarzem Zopf. Selbstverständlich spricht er nun fließend Chinesisch - wenn auch ein echter Chinese es nicht unbedingt verstehen könnte...

Herr Bollermann taucht mit einem Steckenpferd-Pantoffel-Tiger auf. In gespieltem Schrecken springt Olilie auf Herrn Bollermanns Rücken und klammert sich fest. Pelle tut es ihr gleich und Tiefdichter, Tiefzauberin und Tiefflieger starten zu einem rasanten Super-Tiefflug.

Könnt Ihr Euch das ausmalen: die wiedergefundene Freundschaft läßt die Funken sprühen.

Könnt Ihr Euch das ausmalen: die wiedergefundene Freundschaft läßt die Funken sprühen.Der wunderbar wahnwitzige Spaßulkquatsch spottet jeder Beschreibung.

Und so könnte es vermutlich noch eine ganze Weile weitergehen, wenn nicht plötzlich eine wunderbar himmlische Festmusik die Freunde erstaunt innehalten lassen würde. Mit großen Augen stehen sie da und lauschen.
Doch was landet da auf Olilies roter Nase? Es ist kalt und weiß und - kann es denn möglich sein?
"Es schneit!" ruft Pelle, der es jetzt auch bemerkt hat.
"Es schneit!!" stimmen die anderen mit ein.
Ja, wahrhaftig: immer mehr Flocken fallen herab. Es schneit im Zirkus Spökes & Spärlich, und der steht bekanntlich mitten in Ehrenfeld.
Das Wunder ist tatsächlich geschehen: Weiße Weihnacht in Ehrenfeld!
Alle sind erst baff vor Staunen, dann aber bricht riesengroße Freude aus.
Denn nun muß Angelo doch nicht auf die Schreibstube, um dort immer und ewig Weihnachtswunschzettel abzustempeln, nein, nicht mal drei Tage lang.

Freunde sein

denn

das ist doch der Himmel, der Himmel auf Erden

Freunde haben, Freunde sein und Freunde werden, denn

das ist doch der Himmel, der Himmel auf Erden,

Freunde haben, Freunde sein und Freunde werden ···

Herr Bollermann

Olilie

Pelle

Angelo

Josef Hense / Heiner Kötter / Ulrike Türk

Circusspiele

Ideen für die Circuspraxis
Kölner Spielecircus (Hrsg.)
160 Seiten mit zahlr. Abb.
ISBN 3-88735-013-8

Circus macht Spaß! Hier sind die Hilfen, damit alles klappt: Akrobatik, Jonglieren, Clownerie, Feuerübungen und Fakirübungen, Improvisation und Präsentation. Zur Abrundung eine umfangreiche Spielesammlung, sowie eine Fülle von Tips für das gelungene Circusprogramm. Dann heißt es nur noch: Hereinspaziert - Manege Frei!
Mit den Materialien kann jeder - ob jung oder alt, fit oder auch nicht - einen Zugang zum Circus entwickeln. Zeitschrift für Erlebnispädagogik

Josef Broich

Spielspaß mit Kindern

über einhundert Kinderspiele
mit Bewegung, Spannung, Action
128 Seiten, ISBN 3-88735-011-1

Die Kinderspiele für Kindergarten, Elternhaus, Gruppe sind für kleine und große Menschen zwischen 5 und 99 Jahren nutzbar. Der Spielleiter erhält Informationen, damit es allen Spaß macht und er auch altersgemischte Gruppen anleiten kann. *Die Themen:* Einstiegs- und Partnerspiele, Reise- und Freizeitspiele, Kreisspiele, Actionspiele, Regelspiele, Bewegungsspiele, Kinderspiele aus anderen Ländern und Kulturen, Spiele für Zwischendurch, Gesellschaftsspiele für alle Generationen und Spiele zum Ausklang.

MATERNUS

Severinstr. 76, D-50678 Köln, Tel. (0221) 32 99 93, Fax 31 13 37